感受字里行间的温度，重回手写的初心

儿童书法进阶学堂

颜勤礼碑

大麓书院 编著

享受单纯的书写

体验运笔流畅的美好

北方联合出版传媒(集团)股份有限公司

万卷出版公司

ⓒ 大麓书院 2016

图书在版编目（CIP）数据

颜勤礼碑 / 大麓书院编著 . –– 沈阳 : 万卷出版公
司 , 2016.10
（少儿书法进阶学堂丛书）
ISBN 978-7-5470-4288-5

Ⅰ . ①颜… Ⅱ . ①大… Ⅲ . ①毛笔字 – 楷书 – 中小学
– 法帖 Ⅳ . ① G634.955.3

中国版本图书馆 CIP 数据核字 (2016) 第 212319 号

出版发行：北方联合出版传媒（集团）股份有限公司
　　　　　万卷出版公司
　　　　　（地址：沈阳市和平区十一纬路25号　邮编：110003）
印 刷 者：沈阳市精华印刷有限公司
经 销 者：全国新华书店
幅面尺寸：210mm×260mm
字　　数：150千字
印　　张：7.75
出版时间：2016年10月第1版
印刷时间：2016年10月第1次印刷
责任编辑：杨春光
装帧设计：大麓书院
责任校对：王　斌
ISBN 978-7-5470-4288-5
定　　价：25.00元

联系电话：024-23285256
传　　真：024-23284521
E－m a i l：vpc_tougao@163.com

目录
CONTENTS

颜真卿像

PART 1
颜真卿与《颜勤礼碑》

1. 颜真卿

颜真卿（709—784 或 709—785），字清臣，汉族，京兆万年（今陕西西安）人，祖籍琅琊临沂（今山东临沂），中国唐代书法家。 他与赵孟頫、柳公权、欧阳询并称"楷书四大家"。颜真卿的书法艺术在中国书法史上占有极其重要的地位，为历代书法家推崇。他开创了一代书风，是一位具有划时代意义的书法家。

颜真卿出身书香门第，为人刚正，义烈英迈。曾因为官正直，敢于直言上谏，遭到宰相杨国忠谗贬，到平原（今山东西北部、德州中部）任太守。在"安史之乱"中，他维护国家完整，为平定"安史之乱"立下不朽的功绩。后入京，被皇帝封为鲁郡开国公，故后世多称"颜鲁公"。

2.《颜勤礼碑》

《颜勤礼碑》是颜真卿晚年的代表之作，是"颜体"艺术成就的一座里程碑，集中表现了"颜体"的风格特征和艺术面貌，受到历代书家重视和学者的崇拜。《颜勤礼碑》是颜真卿书法最为成熟时期的佳作之一，书写时，他已经 71 岁了，已经完全脱去了初唐楷法的体态。用笔爽利劲健，结构端庄雄伟，外紧内松，作品气势雄迈清奇，很具有盛唐的气象。 此碑出土的时候，刻石已经断了，碑断的地方笔画字口比较清晰，有好多处可以连接，碑虽然断裂，但是字口凌厉，字迹没有丢掉原来的风貌，目击者无不称赞。此碑现在藏于陕西省博物馆，为国家级重点保护文物。其书法结构端庄豁达、舒展开朗、灵巧大方，用笔横画细竖画粗，雄健而有力量，这也是颜真卿正直、质朴、倔强与内美外溢的人品风格的体现。

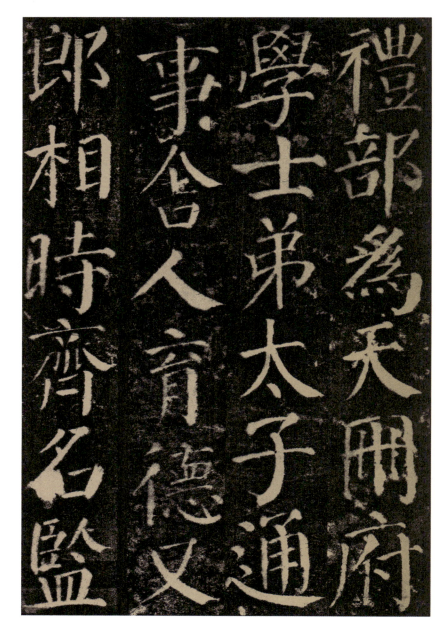

《勤礼碑》碑文

二 坐姿

1. 书写毛笔字的正确坐姿

　　写毛笔字正确的姿势很重要。写毛笔字以坐姿为主，一是练二三寸大楷字不需要站着写，二是坐着写省力又利于注意力集中。

　　正确的坐姿：

　　两脚平放在地上，腰板挺直，与椅子隔开一点，身体与桌子也要隔开一点。

　　双手放在桌子上。左手按着纸，右手悬空执笔，头稍稍前倾。

2.执笔方法

执笔的方法在写字时是十分重要的，执笔方法是通过合理地安排手指和拿笔的位置，能够同时发挥腕、肘的作用。

拿笔的位置：毛笔的大小长短不一，执笔的高低是根据笔的长度调整的。一般捏住笔管的三分之二处。

执笔五指的分布：

前人传下来的拿笔方法有多种多样，其中"五指执笔法"最为常用易学。这种执笔法，强调每一个手指都在执笔中发挥作用。

具体方法介绍如下：

①以拇指和食指将笔杆拿起，即用拇指、食指的第一指节相对捏住笔杆；注意大拇指的第一关节要向外凸起，不要凹下去。

②中指并于食指的下面，并向内勾住笔杆，注意也要用第一指节（因为手的第一指节感觉最灵敏、最灵活，应用也最多）。

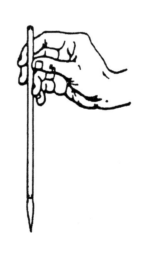

③无名指的指背向外抵住笔杆的内侧；

④小指跟在无名指后面，两指合力，抵住笔杆，起到了辅助的作用。

三 PART 3 书写工具

毛笔书法所用的工具，主要有笔、墨、纸、砚，又称作"文房四宝"。掌握它们的性能，善于使用和保管它们，是很重要的哦！

1. 笔

笔的名称，在古代叫法不一。秦代定名为"笔"。从毛笔出现至今，已有五六千年的历史了。

笔，按照制作原料与弹性的强弱，大致分为软毫、硬毫和兼毫三类。

(1) 软毫笔。是选取弹性、硬度差的动物毛为原料制作的，常用的有"羊毫"。软毫笔质柔软，能多吸收墨汁，锋毫也便于铺开，容易写出丰满的笔画。

(2) 硬毫笔。主要是选择硬度和弹性较强的动物毛制成的。常用的有"紫毫"和"狼毫"。硬毫比较刚硬，弹性足，多用于写小楷。

(3) 兼毫笔。是选用两种或两种以上弹性不同的动物毛，按一定比例混合配制而成。也是介于软、硬之间的一种中性笔，它的特点是软硬适中，刚柔相济。

笔管

笔毫

笔锋

2. 纸

我国是世界上最早发明造纸术的国家。纸的种类很多，性能和用途也不一样。书法、绘画常用"宣纸"。从晋代出现至今，已有一千五六百年的历史。当时以安徽泾县生产的纸质量为最佳。

宣纸质地绵韧，纹理细腻，洁白如玉，便于长期保存和收藏，被人们誉为"纸中之王""千年寿纸"。

3. 墨

我国的墨与笔、纸一样，也有悠久的历史。新石器时代的人们就已经用墨色作为记载、绘画和装饰的用品了。墨用松烟和油烟制作。

现在，我们多用墨汁，节省了许多磨墨的时间，质量也比较优良。

4. 砚

又叫砚台或墨海。目前见到最早的砚出自秦代，砚有竹砚、木砚、瓷砚、石砚等很多品种。以石砚为最多。最著名的是"端砚"，另有"歙砚""鲁砚""洮砚"等。石砚质地细密，下墨较快，好的砚石再加上精工雕刻，不仅实用，还是精美的工艺品。

石砚用过以后要用清水洗净，砚中要经常贮点清水，以保持湿润。

PART 4 基本运笔方法

　　笔画可分为基本笔画和由基本笔画变形或组合而成的笔画两大类。楷书中的每一个笔画，都包含起笔、行笔与收笔三个过程。这个过程的具体要求是：

1. 起笔

　　起笔是中国书法的用笔方法之一，是通常所说笔画的"头"。楷书笔画起笔时的用笔大致可以分为四种，每种用笔会产生不同的起笔效果。

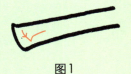

图1

　　① 顺入笔：指笔尖原地入纸轻轻下按（顿笔），顺势起笔，也称"露锋起笔"。如图1。

图2

　　② 逆入笔：欲右先左、欲下先上，先逆后顺，也称"藏锋起笔"。笔画起笔呈"圆"形。如图2。

图3

　　③ 滑入笔：与"顺入笔"相似，入笔速度略快。笔画起笔呈"长尖"形。如图3。

图4

　　④ 切入笔：笔尖入纸后下切，笔画起笔呈"方"形。如图4。

2. 行笔

　　行笔也是中国书法的用笔方法之一，指笔锋在纸上的运转动作，也称运笔。行笔是起笔之后的用笔动作，就是通常所说的笔画的"身"。楷书笔画行笔时的用笔有"提、按、顿、挫"之别。

图5

　　① 调锋：即调整笔尖的方向，便于控制毛笔继续书写。调锋需注意两点：其一，速度要快；其二，调整至书写者本人认为可以"舒服"向下写的方向即可。如图5。

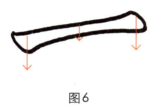

图6

　　② 提按：指笔画书写中上提下按交替，使得在一个笔画中产生轻重粗细的变化。著名书法家沈尹默先生曾讲过："提和按必须随时随处相结合，才按便提，才提便按……如此动作，不得停止。"如图6。

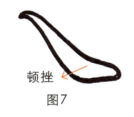

顿挫

图7

　　③ 顿挫：顿有轻重之别，起笔一般微顿，行笔中会出现重顿现象；挫是指在行笔中突然停止，以改变笔画方向的动作。如图7。

正确

错误

图8

　　④ 中锋行笔：中锋即在用笔过程中，笔锋始终保持在笔画的中线上运动，写出的笔画沉着饱满，劲道有力，富于立体感。如图8。

3. 收笔

收笔有轻重缓急的变化，同时，收笔也是一个笔画书写结束与后笔起笔之间有形或无形的联系。

图9

① 顿收：笔画结尾处下顿回带。如图 9，点、横的收笔。

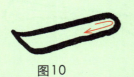
图10

② 轻收：笔画结尾处轻顿回带。如图 10，竖、小横的收笔。

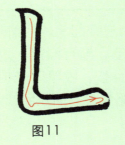
图11

③ 驻收：笔画结尾处稍停顿借力回带。如图 11，横、竖弯的收笔。

图12

④ 引带：笔画收笔时借势引带出下一笔起笔。如图 12。

图13

⑤ 出锋：笔画结尾不必回带，顺势减力将笔送出，速度不宜过快。如图 13，撇、捺、悬针竖的收笔。

基本笔画——横

横画在汉字中出现最多，而且很多笔画也都是由"横法"衍生出来的。在字中，横画发挥平横稳定的作用。在一个字中，有多横画排列时应该形态各异。不要平行，写长横的时候不要很纤细，那样会显得软弱无力。写横画时要注意起笔和收笔。提、按、起、收要过渡自然。

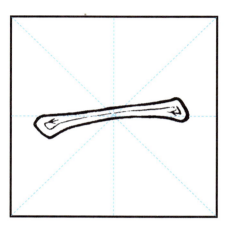

长平横：逆锋起笔，折笔向右，中锋行笔，渐行渐提，过中段后且行且按，收笔时先提笔后按笔。略顿笔，向左回锋收笔。

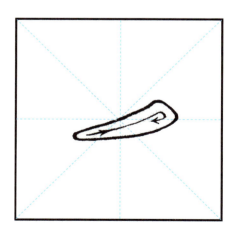

左尖横：顺锋起笔，向右上行笔，收笔时先提笔后按笔。在颜楷中横画多是倾斜的姿态，左低右高。

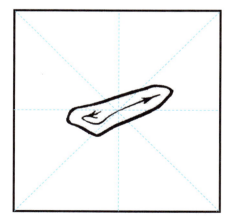

右尖横：逆锋起笔，折笔下按向右上行笔，渐行渐提，自然收笔。

六 基本笔画——竖

把横画立起来就是竖画，所以其笔法与横画有很多相似之处，竖画必须写得挺拔有力，整个字才显得美观。竖，从上往下垂直运笔。关键是"竖要直"，不能左右歪斜，更不能写成竖钩。根据字的字形需要控制长短，不要太短或太长。

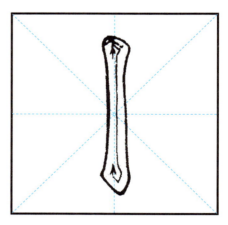

垂露竖：逆锋起笔向上，折锋向右下顿笔；转锋向下中锋行笔；至收笔处向左下稍提，向右下顿笔，向上回锋收笔。形状如露珠。

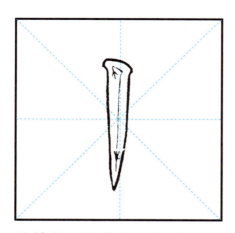

悬针竖：逆锋左上起笔，折笔转锋向右，再向右下顿笔，向下行笔，然后渐行渐提，使笔锋拢向中间，最后出锋。

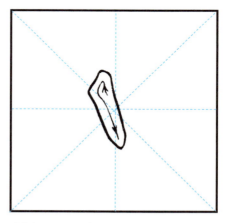

斜竖：逆锋起笔，折笔向右下斜向行，到收笔处转锋平收，笔画较为均匀。

七 PART 7
基本笔画——折

折画是由两个行笔方向不同的笔画组合而成的。横折是由横画收笔与竖画起笔相组合构成的。

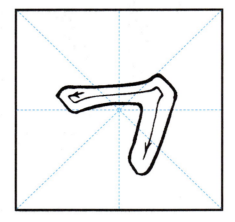

横折：先写长横，然后至折处向右上稍微提笔，向右下顿笔，回笔向左下方折出，最后回锋收笔。

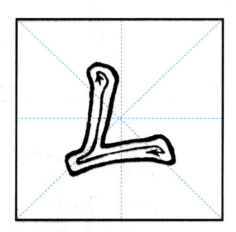

竖折：起笔如短竖，行笔到转折处，提笔略顿，然后折笔转锋写出横画。

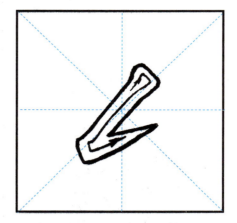

撇折：逆锋起笔，向左下行笔作撇，转折时，按笔作顿，然后折笔转锋提笔逐渐轻轻挑出。

PART 8
基本笔画——撇

撇的样子好像是一把刀，给人锋利快速的感觉，用笔的时候需要尽量用腕部的力量，并和肘、臂协调使用。在书写的时候行笔要快，力量运送到撇尖，要避免行笔僵硬或者是行笔的时候飘浮不定。

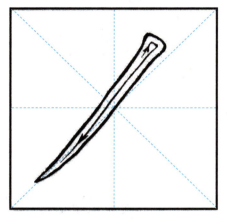

长直撇：逆锋起笔向右上书写，折锋的时候稍微向右下顿笔，转锋向左下行笔，渐行渐提，到收笔处提笔出锋。

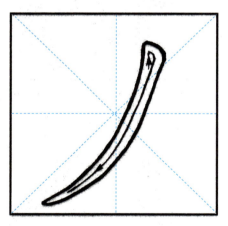

长弧撇：起笔如竖画，转锋时略向下行笔，然后渐渐转向左下行笔作一弧形，然后渐行渐提撇出。

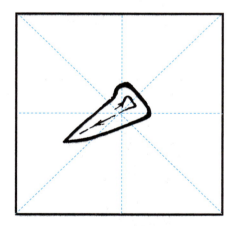

短撇：逆锋起笔，向右下顿笔，然后向左渐行渐提，蓄力出锋。

20

九 PART 9 基本笔画——捺

捺画又叫"波"，是因为它的笔势好像是水的波纹。书写捺画要掌握好"一波三折"，起笔的时候稍轻，行笔时渐渐呈波势，书写捺脚的时候稍按再收。捺画在字中为主笔，角色很重要，这也体现了其重要性。用四个字总结便是——提、按、顿、挫。

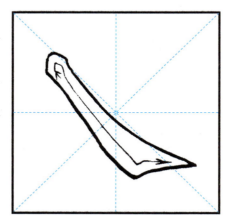

长捺：逆锋起笔，然后折锋向右，向右下行笔，渐行渐提，到捺脚处略顿笔，然后提笔出锋收笔。

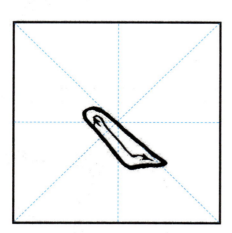

短捺：笔法同长捺一样，只是笔画短小一些。

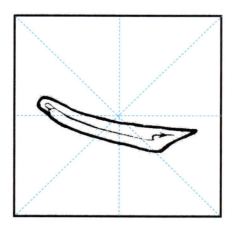

平捺：逆锋起笔，折笔转锋向右，再按笔略向下行笔，到捺脚处稍微顿笔，再提笔出锋。

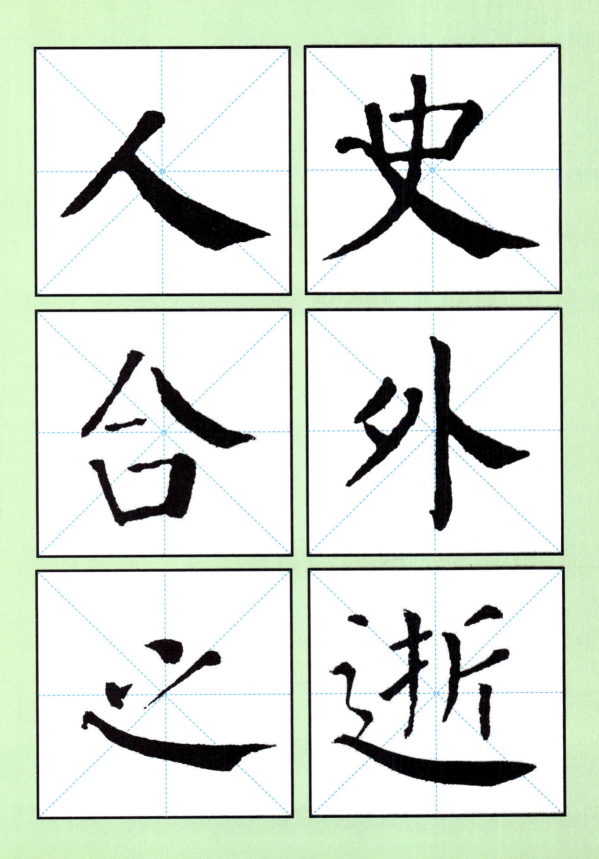

PART 10
基本笔画——点

点为楷书基本笔画中最小的、最初的笔画。点又称为"侧"。"侧"有险峻斜侧的意思，就是写点的时候不要太正，要取斜的势态，写出力度和动态的感觉来。点虽然小，但是起笔、行笔、收笔这三个环节缺一不可，须要一丝不苟地按步骤完成。

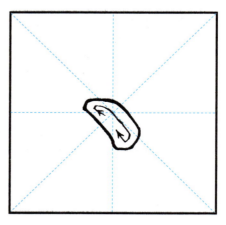

圆点：左上逆锋起笔，折笔转锋向右顿笔，再向右下行，最后左上回锋收笔。

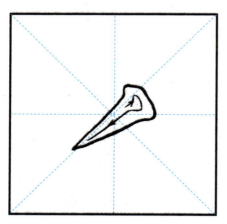

撇点：逆锋起笔，折笔向右下行，然后稍微顿笔，蓄势向左下方撇出。

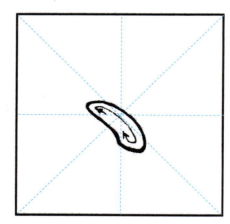

长点：左上逆锋起笔，折笔转锋向右顿笔，再向右下行，最后左上回锋收笔。该点与原点相似但略长一些。

PART 11

基本笔画——钩

钩是附属笔画，它总是和其他笔画组合构成另一种笔画。它与构成的笔画走向不同。钩好像人的足尖，写钩画的时候力量要聚在锋尖，应该取人起脚踢出之势。当写到钩处的时候，不要立即钩出，而是要顿笔回锋，调整好笔锋后再蓄力钩出，这样写出的钩才丰润饱满，刚健有力。

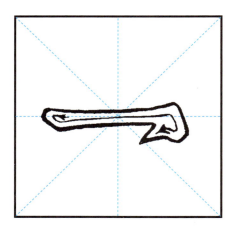

横钩：起笔、行笔都和横画一样，写到钩处，提笔向右下顿笔，转锋，当回锋到一半的时候，顿笔向字的中心钩出。

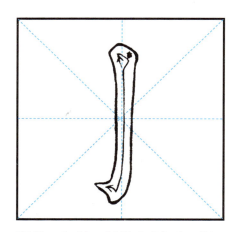

竖钩：起笔、行笔和竖画一样，到钩处向左下顿笔，转锋向左钩出。

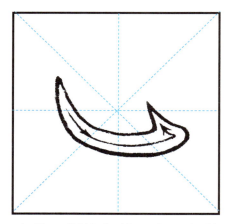

心钩：顺锋起笔，向下行笔形状像弯钩一样，到钩处顿笔，然后回锋钩出。

PART 12

基本笔画——挑

书写挑画的时候，应该取左低右高斜出之势。行笔要渐行渐提，行至末端的时候，提笔出锋，要刚健、有力。挑画除了根据在字中位置不同而角度有所不同外，没有太多的形态变化。

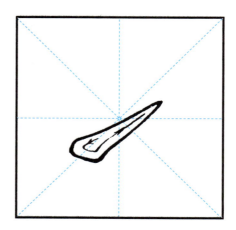

长挑：逆锋起笔，稍微顿笔，转锋向右上行笔，渐行渐提，迅速出锋。

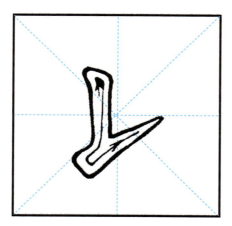

竖挑：笔法同竖画和长挑，只是笔画短小一些，笔画相连接并出锋更劲力。

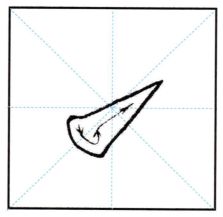

点挑：逆锋起笔，稍顿笔，转锋向右上出锋。

顏君神道碑

曾孫曾郡

國公真卿撰

弁書

焰斛勤秘誠

瑯邪臨沂人高

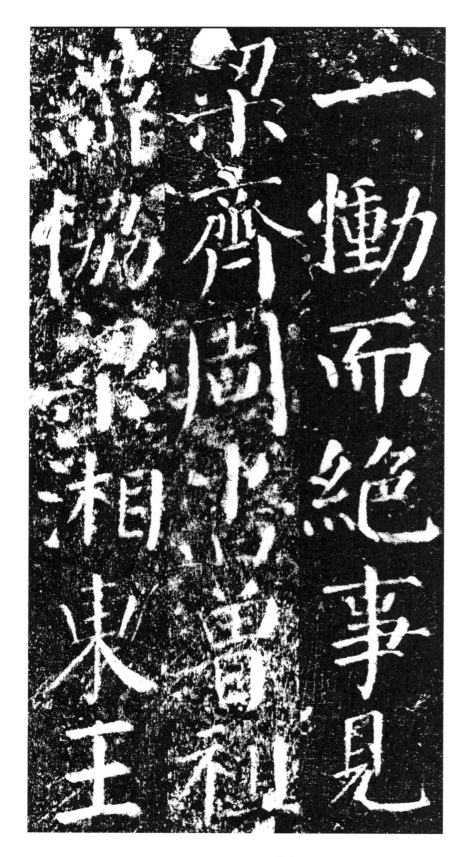

一勸而絶事見
梁齊周北齊利
絁絅為嘗和
松浴羊相
不相來王

侍郎隋東宮學

士齊書有似處

自南人北今為

京兆長安人父善一忌魯博學屬文尤工詁訓

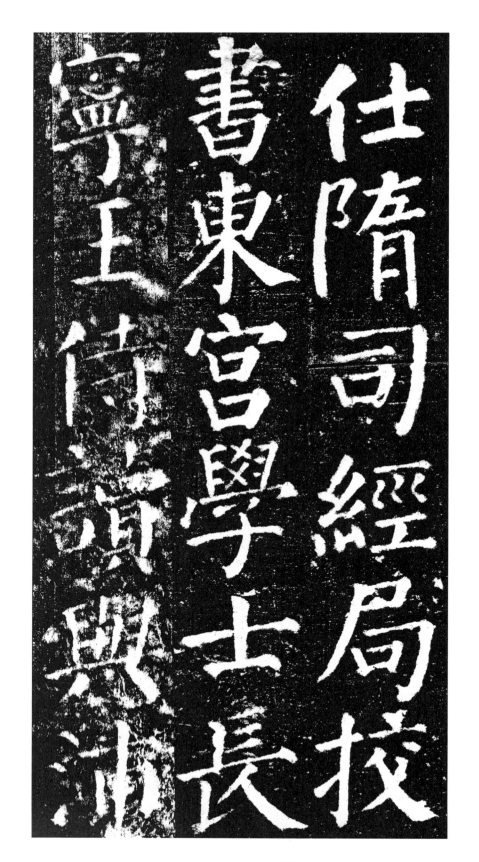

仕隋司經局校
書東宮學士長
寧王侍讀興海

國劉臻辯論經
義然處馬齊
書黃門傳六集

太宗為秦王精
踰岷將軍
序君自作後加

選僚屬拜記室叅軍　戚同娶御正中大夫殷

英章女英童集
呼顏郎是也更
嘗和者二十餘

首溫大雅傳云
初君在隋□天
雅俱仕東宮弟

愍楚與彥博同
直內史省愍楚
弟遊秦與彥將

俱與祕閣二家
兄弟各為一時
選少時

學業顏氏為儁

其後職位溫氏

為盛事貝唐史

君幼而期臨識

量弱於遠正於篆

籀文光　訓秘

所刊定義愁學元
閣司經业籍多
率十一月從

太守平原

城煖靮散正議

太夫勳解

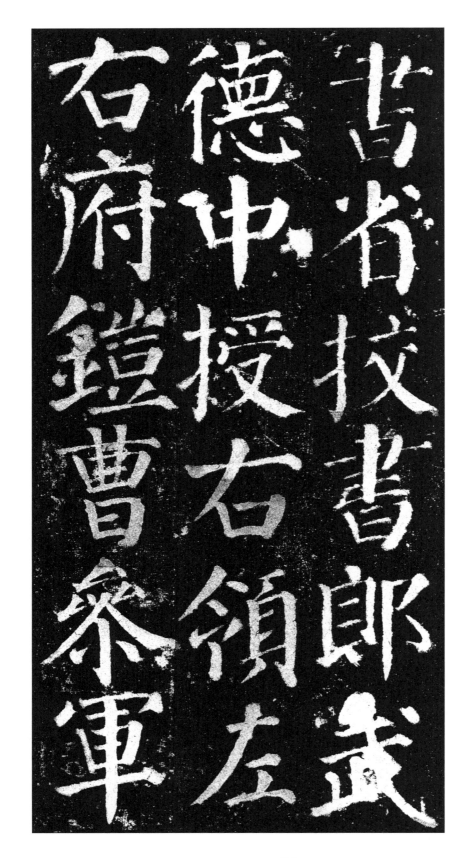

尚書校書郎武

德中授右領左

右府鎧曹參軍

九季十一月授
輕車都尉勲直
祕書省貞觀三

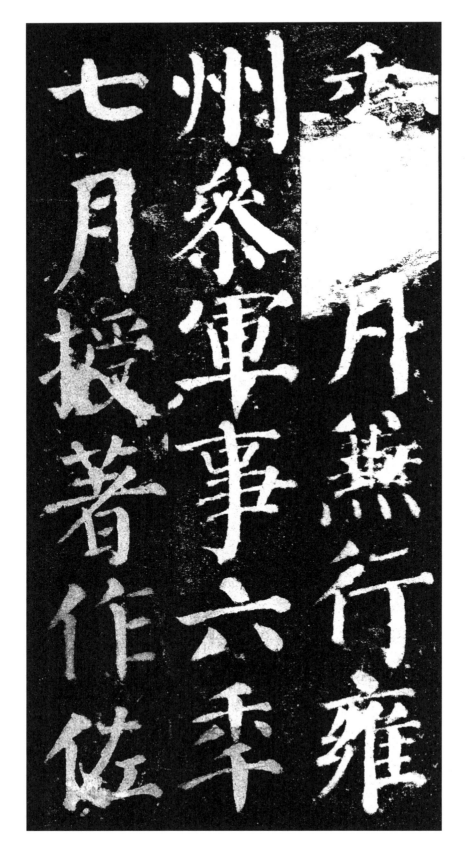

平一月燕行雍

州祭軍事六年

七月授著作佐

郎七秊六月授
階柬主簿野轉太
子內直監加崇

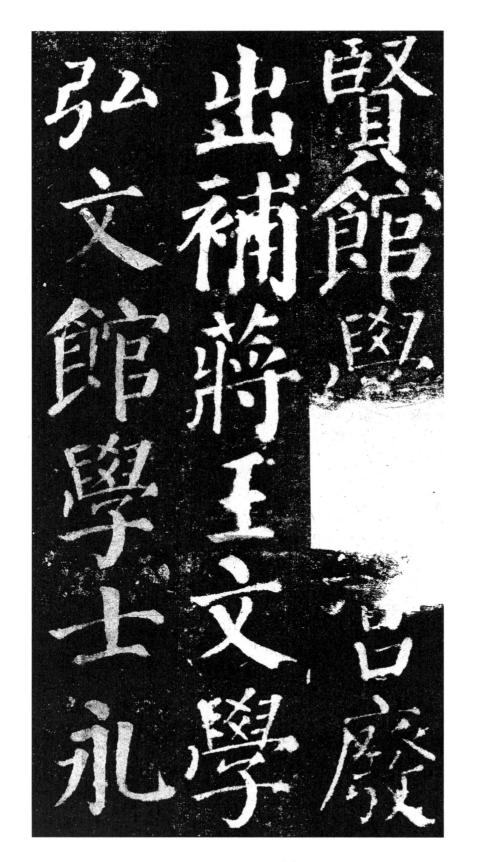

賢館　出補蔣王文學　弘文
闕　　補蔣王文學　弘文館學士
　　王文學　館學士孔
　　文學
閻廢　學

微元年三月

制曰貝官

君學于藝優敫宜

加獎權乃拜
王屬學士如故
遷曹王玄無何

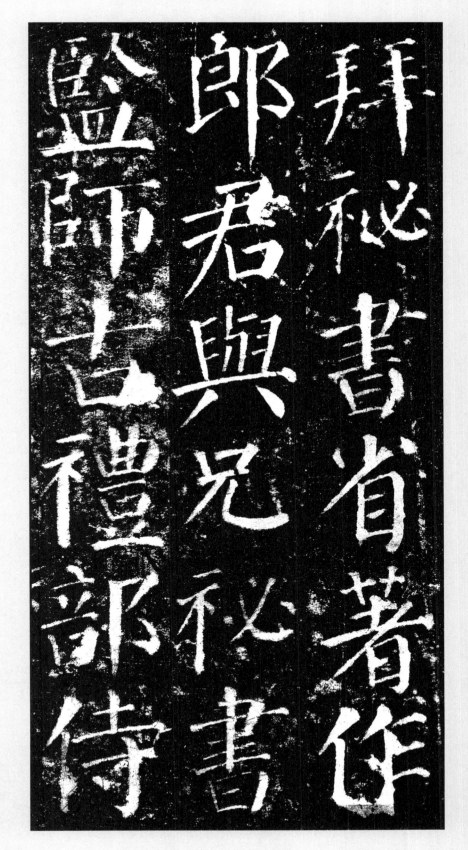

拜祕書省著作
郎君與兄祕書
監歸古禮部侍

郎相時齊名監
上　同時為崇
賢弘文館學士

礼部為天册府
學士弟太子通
事舍人育德文

奉令於祠經局
按定經
太宗嘗圖畫

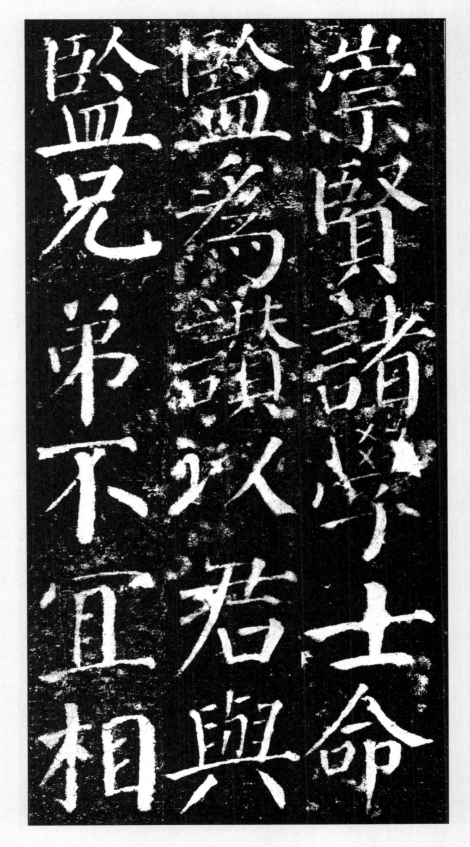

崇賢諸學士命
懷鹽為洪頭以人若與
鹽兒弟不宜相

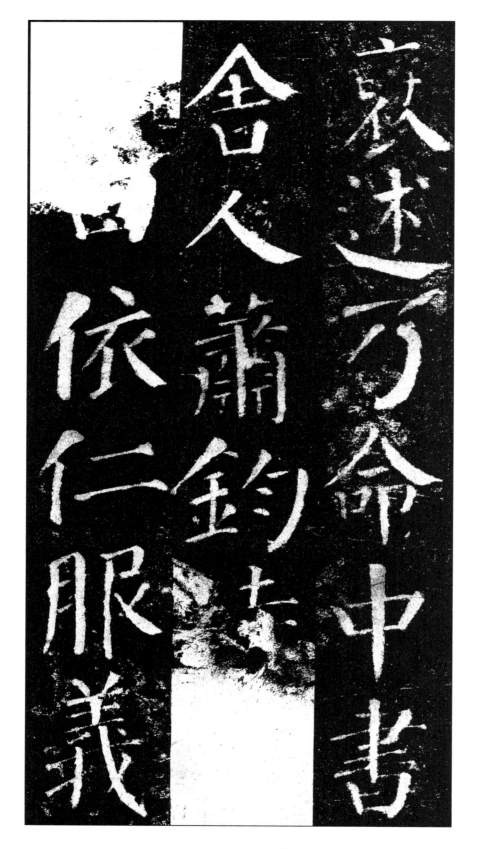

欽述乃命中書舍人蕭鈞志依仁服義

懷文守一復道
自是平惟終日
德章素里行戌

蘭室鶴馭開馳興譽龍樓變質當代下以後

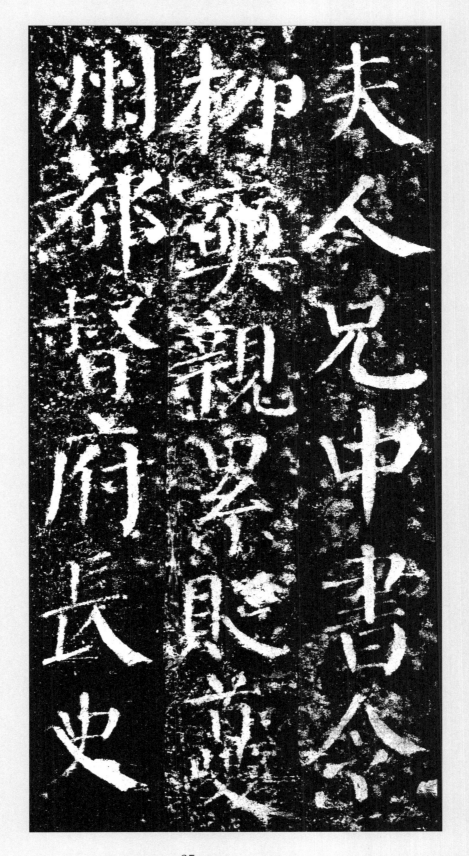

明慶六秊加上
護軍君安時處
順將下

幸遇疾傾逝于
府之官舍既而
遽窆于京城東

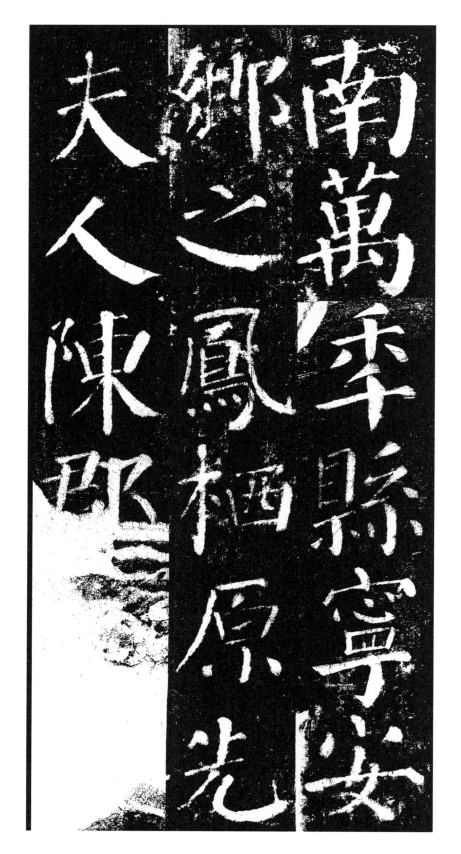

南萬季縣寧安
鄉之鳳栖原先
大人陳郎

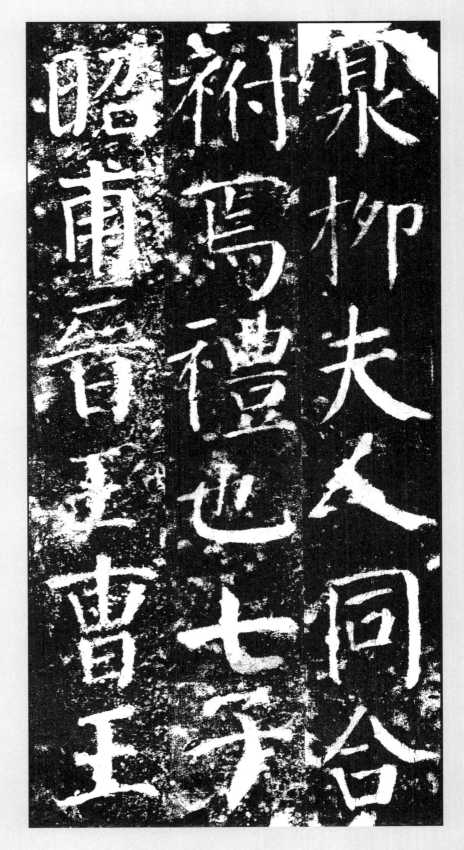

泉柳夫人同合
祔焉禮也七字
昭軍會玉曹王

侍讀贈華州刺
史事具貞卿所
撰神道碑敬仲

殆庶無慍辟非

劉子玄神道碑石

吏部郎中事具

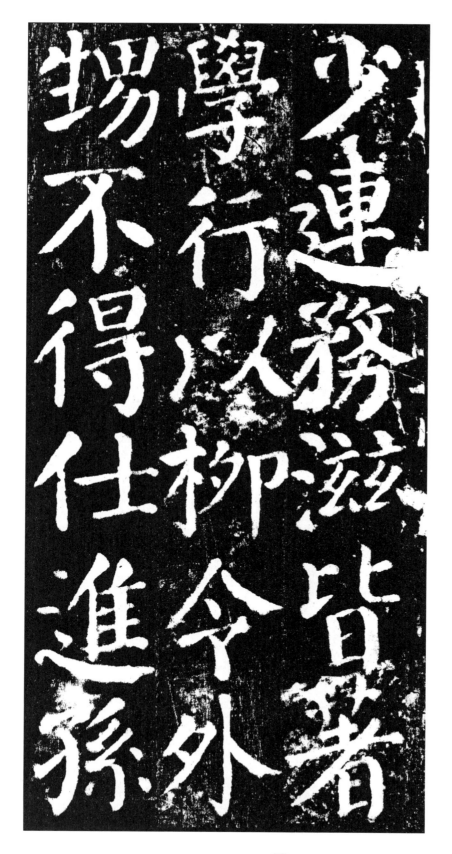

少連務滋皆曰著
學行以人柳今外
揚不得仕進孫

元舉進士考
功貞外劉齊特
標腸之名動海

内從調以人書判
入高等者三累
遷太子舍人屬

沂豪三州刺史　國專當手令畫滌　玄宗監

等頻贈

歷以祕

幾書不

赤判書

尉入監

丞高惟

　　貞

太子文

太子文

支贈國子

太子少保德業

具陸檬神道碑
會宗襄州叅軍
孝攵楚州司馬

澄左衛翊衛潤

倜僮活城尉曾

孫春卿工詞翰

有風義明經扶

華犀浦蜀二縣

尉故相國蘇頲

舉茂才又為張
敬忠劒南節度
判官偃師丞栗

卿忠烈宥清識
吏幹累遷太常
丞攝常山太守

敕逆賊安祿山
將李欽湊開土
門擒其心手何

千秊髙兒邊衛
尉卿惠御史中
丞城守陷賊東

京遇害林之建毒祭
下晉宦不絶贈
太子太保謚曰

忠曜卿工詩善
草隸十六以詞
學直崇文館飾淄

川司馬炮卿署
草書胤山令茂
嘗訥言敏行頻

軍尤南工詩人
皆諷誦之善草
綵書當頻入等

第歷左補闕歷殿
中侍御史三爲
郎官國子司業

金鄉男高卿仁
厚有吏材富平
尉真長耿　舉

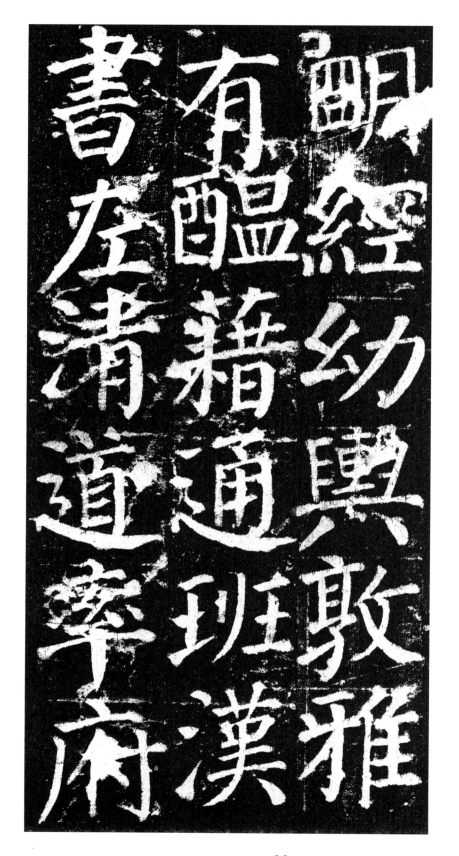

翻經幼輿敦雅

有醞藉通班漢

書左清道率府

兵曹真卿舉進

士挍書郎舉文

詞秀逸體自泉尉

映陟使王鈇以人

清白名聞七為

憲官九為省官

荐為節度採訪
觀察使魯郡公
之臧敦寶有吏

能舉曰令宰延

昌四為御史亮

太尉郭子儀判

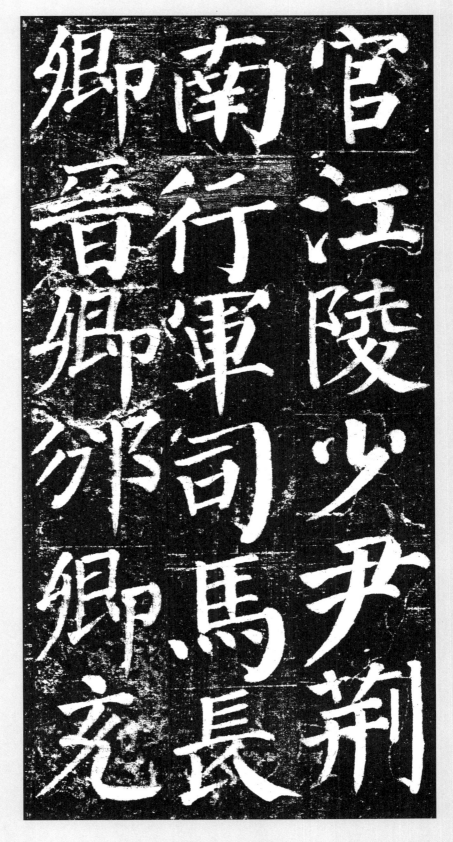

官江陵少尹荆
南行軍司馬長
鄉音鄉邠鄉兗

國質多無昇
世名卿倜佶伐
倫並為武官玄

孫絃通義尉沒
于蠻泉明孝義
有吏道父闓土

閟佐其謀壹州
州馬威朙邳州
司馬季朙子幹

沛詡頖泉朙男

誕及君外曾孫

沈盈廬逖立為

逆賊所害俱蒙
贈五品京官皆
好屬文翹華正

頵弊早夭頗好

五歲授書郎頵

仁孝方正明經

大理司直充張

萬頃嶺南萬曰田

判官顯鳳翔泰

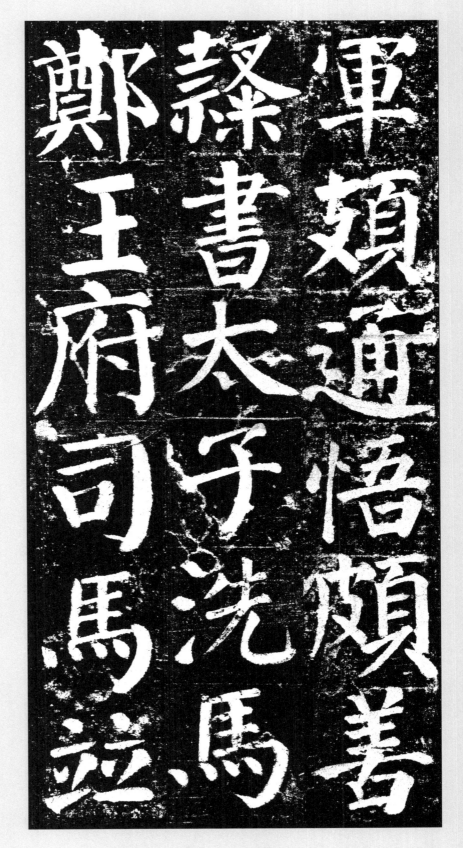

軍頹運悟頰善

縶書太子洗馬

鄭王府司馬远

不幸短命通明

好子屬文項城尉

歲附溫江丞覷綿

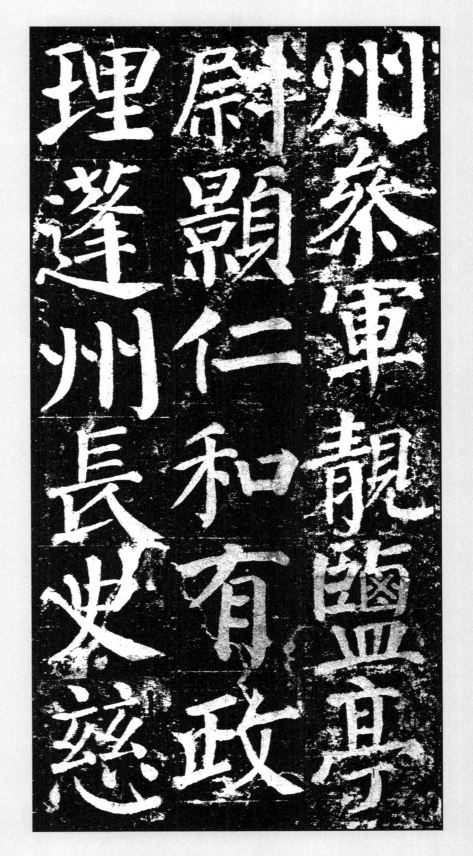

明仁順幹蠱都
水使者賴介直
河南府法曹頓

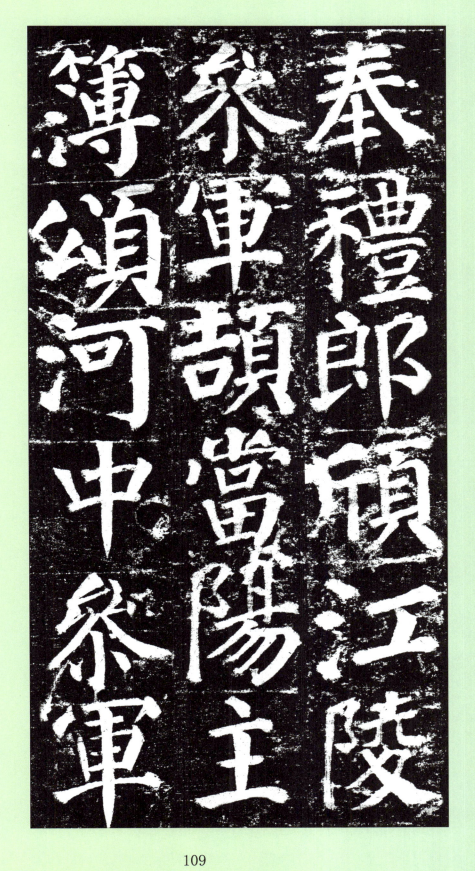

奉禮郎頎江陵
參軍頗當陽主
簿頌河中參軍

109

顶衛尉主簿顏

左千牛頤頵並

京兆柰軍

頎頒

頴絃童稚未仕
自黃門御正至
君父叔元弟泉

子姪揚庭盂期昭甫強學士三人四世為學士

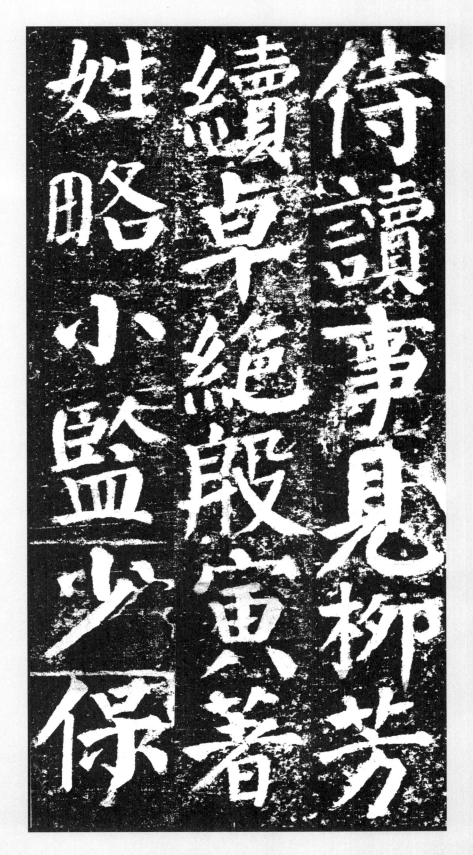

侍讀事見柳芳
續卓絕殷寅著
姓略小監少傅

人以德行詞翰為天下所推春卿

天下所推春卿

昱卿曜卿

昱卿曜卿允南

而下泉君之羣從光庭千里康成希莊日損隱

朝廷朝昇庠恭
敏鄰幾元淵温
之舒詵順勝怡

渾元濟拭式宣
韶等多以名德
著述學業文翰

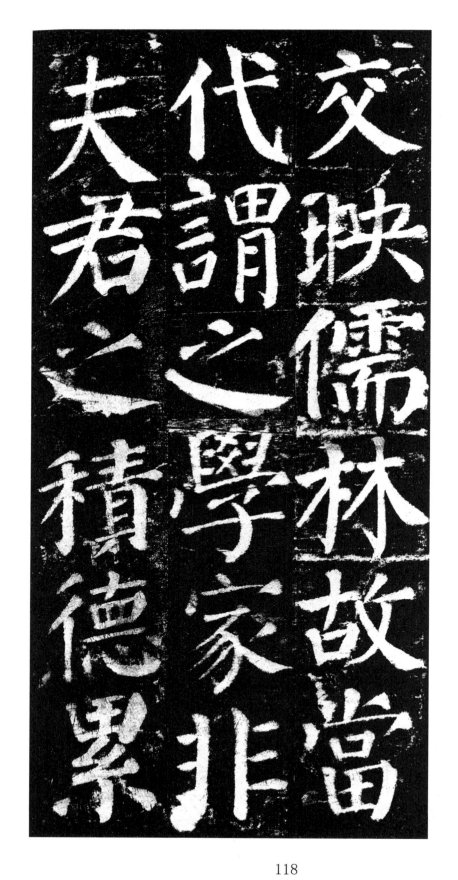

交映儒林故當

代謂之學家非

夫君之積德累

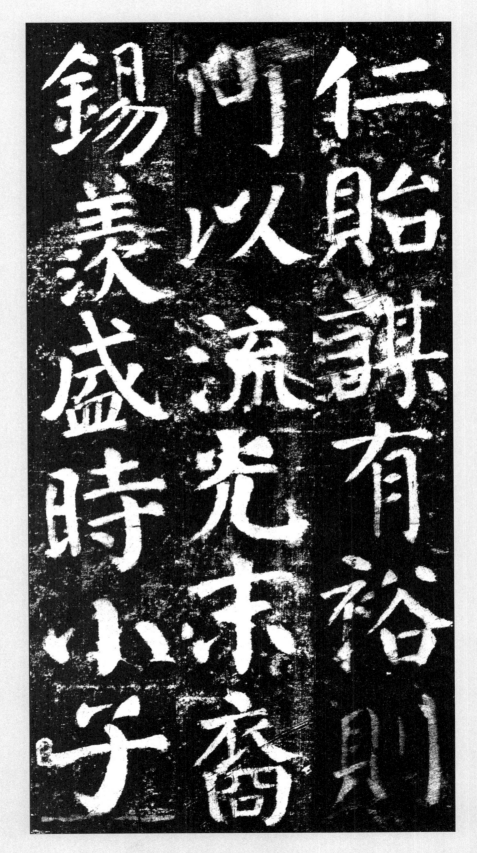

仁貽謀有裕則
問以流光末裔
錫羨盛時小子

真卿事修是忝
眼嬰孩集黎不
過庭之訓晚暮

論議莫追長老
之口苟君之德德
美多恨闕遺銘

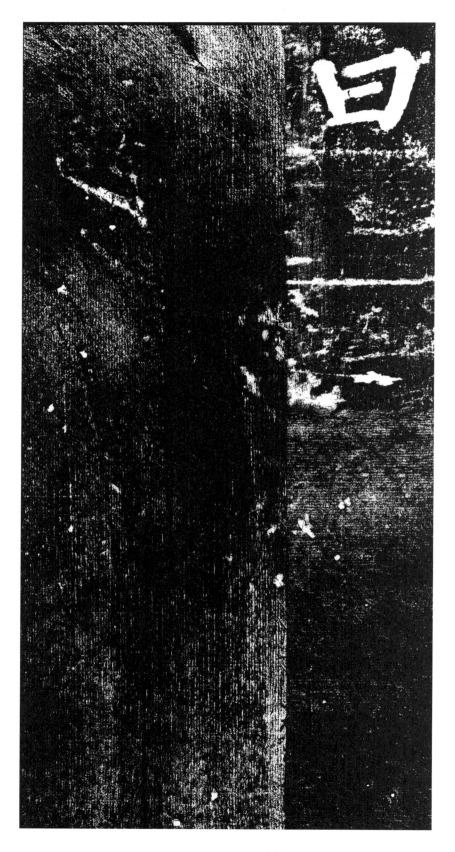

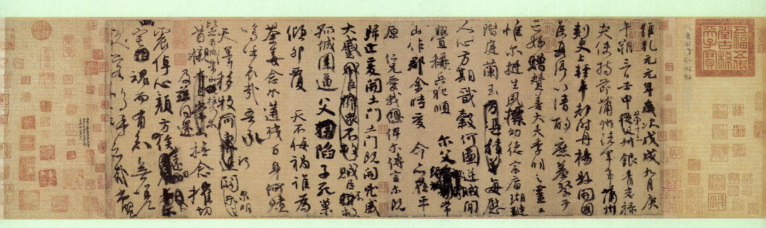

《祭侄文稿》全文

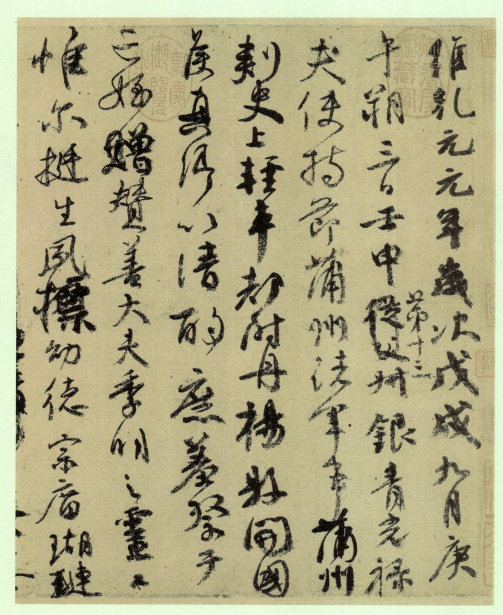

《祭侄文稿》局部